Vom Sinn
des Lebens

Lutz Müller

Erwachen zum Glück des Seins

Die Kunst, sich selbst zu lieben

KREUZ

Die Deutsche Bibliothek – CIP-Einheitsaufnahme

Müller, Lutz:
Erwachen zum Glück des Seins : die Kunst, sich selbst zu
lieben / Lutz Müller. – Stuttgart : Kreuz-Verl., 1994
(Vom Sinn des Lebens)
ISBN 3-7831-1340-7

1 2 3 4 5 6   98 97 96 95 94

© by Dieter Breitsohl AG
Literarische Agentur Zürich 1994
Alle deutschsprachigen Rechte beim Kreuz Verlag Stuttgart
Postfach 80 06 69, 70506 Stuttgart, Tel.: 07 11-78 80 30
Umschlaggestaltung: Atelier Reichert, Stuttgart
Satz: Gulde-Druck, Tübingen
Druck: Wiener Verlag, A-Himberg
ISBN 3 7831 1340 7

Inhalt

Der Adler, der sich für ein Huhn hielt

Ein Mann ging in einen Wald, um nach einem Vogel zu suchen, den er mit nach Hause nehmen konnte. Er fing einen jungen Adler, brachte ihn heim und steckte ihn in den Hühnerhof zu den Hennen, Enten und Truthühnern. Und er gab ihm Hühnerfutter zu fressen, obwohl er ein Adler war, der König der Lüfte.

Nach fünf Jahren erhielt der Mann den Besuch eines naturkundigen Mannes. Und als sie miteinander durch den Garten gingen, sagte der: »Dieser Vogel dort ist kein Huhn, er ist ein Adler.« »Ja«, sagte der Mann, »das stimmt. Aber ich habe ihn zu einem Huhn erzogen. Er ist jetzt kein Adler mehr, sondern ein Huhn, auch wenn seine Flügel drei Meter breit sind.«

»Nein«, sagte der andere. »Er ist noch immer ein Adler, denn er hat das Herz eines Adlers. Und das wird ihn hoch hinauffliegen lassen in die Lüfte.«

»Nein, nein«, sagte der Mann, »er ist jetzt ein richtiges Huhn und wird niemals fliegen.«

Darauf beschlossen sie, eine Probe zu machen. Der naturkundige Mann nahm den Adler, hob ihn in die Höhe und sagte beschwörend: »Der du ein Adler bist, der du dem Himmel gehörst und nicht dieser Erde: breite deine Schwingen aus und fliege!«

Der Adler saß auf der hochgereckten Faust und blickte um sich. Hinter sich sah er die Hühner nach ihren Körnern picken, und er sprang zu ihnen hinunter.

Der Mann sagte: »Ich habe dir gesagt, es ist ein Huhn!«

»Nein«, sagte der andere, »es ist ein Adler. Versuche es morgen noch einmal.«

Am anderen Tag stieg er mit dem Adler auf das Dach des Hauses, hob ihn empor und sagte: »Adler, breite deine Schwingen aus und fliege!« Aber als der Adler wieder die scharrenden Hühner im Hof erblickte, sprang er abermals zu ihnen hinunter und scharrte mit ihnen.

Da sagte der Mann wieder: »Ich habe dir gesagt, es ist ein Huhn.«

»Nein«, sagte der andere, »er ist ein Adler und hat das Herz eines Adlers. Laß es uns noch ein einziges Mal versuchen.«

Am nächsten Morgen erhob er sich früh, nahm den Adler und brachte ihn hinaus aus der Stadt, weit weg von den Häusern, an den Fuß eines hohen Berges. Die Sonne stieg gerade auf, sie vergoldete den Gipfel des Berges, jede Zinne erstrahlte in der Freude eines wundervollen Morgens.

Er hob den Adler hoch und sagte zu ihm: »Adler, du bist ein Adler. Breite deine Schwingen aus und fliege!« Der Adler blickte umher, zitterte, als erfülle ihn neues Leben – aber er flog nicht. Da ließ ihn der naturkundige Mann direkt in die Sonne schauen. Und plötzlich breitete er seine gewaltigen Flügel aus, erhob sich mit dem Schrei eines Adlers, flog höher und höher und kehrte nie wieder zurück.[2]

*W*ir Menschen sind sehr, sehr merkwürdige Wesen. In uns ist die Weite des Himmels, das Licht der Sonne, die Fähigkeit zu überschäumender Freude, die Sehnsucht nach grenzenloser Freiheit und beseligender Liebe. Aber anstatt alles zu tun, um diese wundervollen Fähigkeiten und Begabungen zu entfalten und unsere wahre Natur und Bestimmung zur Offenbarung zu bringen, verstrik-

ken wir uns in Gewohnheiten, die im Vergleich zu
dem, was wirklich zählt, nur wenig Bedeutung
haben. Wie die Hühner scharren wir im Staub des
Alltags, ängstlich bedacht, unsere kleinen vermeintlichen Vorteile zu wahren, und vergessen
dabei, daß es auch noch eine ganz andere, weite
und befreiende Perspektive gibt, auf unser Leben
zu schauen.

Auch wenn wir kaum in der Lage sind, es zu
sehen und zu fühlen: Unser Leben ist in Wahrheit
ein großes, unfaßbares Mysterium. Wir selbst
sind ein einzigartiges, unglaubliches Wunder.
Etwa fünfzehn Milliarden Jahre hat das Universum dafür gebraucht, unsere Welt und uns selbst
als seine Geschöpfe hervorzubringen. Der Organismus der Lebewesen und unser Selbst-Bewußtsein sind die Quintessenz, die Summe der Erfahrung und Weisheit der schöpferischen Intelligenz
der Natur auf dieser Erde.

Viele Menschen sind auf der Suche nach dem
Wunderbaren, sie hoffen auf visionäre Offenba-
rungen, auf magische Kräfte und übersinnliche
Erscheinungen. Das größte Wunder aber ereignet
sich in jeder Sekunde immer wieder neu und unmittelbar in uns: Das Wunder des Lebendigseins
und des »Ich bin«. Unser alltägliches, waches, be-

wußtes Dasein ist reine Ekstase, in der das Universum das Bewußtwerden seiner eigenen Existenz feiert. Und wir sind eingeladen, an dieser Feier teilzunehmen!

Aus Unbewußtheit, aus Gewohnheit und Alltagsroutine haben wir aber den Eindruck, unser Leben sei gar nichts Besonderes. Dies ist die tragischste Illusion der Menschheit überhaupt, eine unglaubliche Verkennung unserer wirklichen Situation, die unendlich viel Leid hervorgebracht hat und immer noch hervorbringt. Immer dort, wo wir nichts vom Wunder des Lebens wissen oder ahnen, wo wir die Freude an der eigenen Existenz nicht mehr spüren, versuchen wir, die dann eintretenden Gefühle der Sinnlosigkeit und Leere mit Mitteln zu befriedigen, die ungeeignet sind, wirkliche Erfüllung und Zufriedenheit zu schenken und die letztlich nur Neid, Haß und Gewalttätigkeit hervorrufen.

Wie kann es sein, daß wir als Wesen des Lichtes geboren werden und schließlich in der Dunkelheit enden? Wie kann es sein, daß aus Adlern Hühner werden?

Am Anfang unseres Lebens sind wir voller Kraft, voller Lebensfreude, voller Begeisterungsfähigkeit. In uns brennt das ekstatische Lebensfeuer des Universums noch in voller Intensität. Wir sind von unbändigem Freiheitsdrang erfüllt und nichts befriedigt uns mehr, als die Welt und uns selbst zu erkunden und immer mehr zu lernen, unsere angeborenen Fähigkeiten auch anzuwenden.

Viele von uns hatten sich als Kind einmal vorgenommen, sich selbst treu zu bleiben, nicht so zu werden wie die Erwachsenen. Wir sahen ihre ernsten, unzufriedenen, verkniffenen Gesichter, ihre leeren Augen, die keinen Funken der Lebensfreude mehr in sich trugen, hörten ihre neidischen, lieblosen, unehrlichen Worte und dachten bei uns, daß wir es eines Tages besser machen wollten. Wir wollten auf keinen Fall so werden wie diese Erwachsenen in ihrer grauen, verbitterten, toten Welt.

Doch irgendwann vergaßen wir unseren geheimen Vorsatz. Wir hörten auch niemanden darüber sprechen, daß das Leben beglückend sein könne und daß es darum gehe, das eigene Wesen zu verwirklichen. In der Schule hatten wir nichts davon gehört, die Eltern hatten nichts davon zu sagen gewußt, und die Wissenschaftler verneinten gar, die Frage nach dem Sinn und dem Glück des Lebens stellen zu dürfen.

Selbst die Kirchenleute vermittelten uns, daß die Erde ein Jammertal sei. Sie lehrten uns, in der Nächstenliebe, der Selbstaufgabe, dem Verzicht und Opfer oder der Hingabe an einen höheren göttlichen Willen die wahren Tugenden zu sehen. Sie vermittelten uns, daß die Beschäftigung mit sich selbst etwas Unsoziales, Egoistisches, ja sogar Krankhaftes sei und schließlich ins Verderben führe. Das Glücklichsein, das sie uns anboten, hatte deshalb immer einen leidvollen, schweren, belastenden Unterton. Glücklichsein bedeutete nicht, die Fülle des Lebens zu sehen und das eigene Leben zur Entfaltung zu bringen, sondern bedeutete, für andere dazusein, sich aufzuopfern, Schuld und Leiden der Welt auf sich zu nehmen, die Freude und die Lust des Körpers zu mißachten. Glücklichsein und Erfüllung waren für sie nichts, was ganz einfach aus der bloßen Freude an der Existenz, an der Entfaltung der eigenen schöpferischen Fähigkeiten und am Zusammensein mit anderen Menschen zu erwachsen vermag.

Weil wir keine Eltern, keine Großeltern, keine Erzieher und Lehrer hatten, die uns halfen, das Staunen über das Mysterium des Lebens, das wir in uns tragen, zu vertiefen, weil wir keine Menschen hatten, die uns die Schönheit, den Glanz,

die Freude des Lebens zeigten, weil wir überwie-
gend auf das Fehlerhafte aufmerksam gemacht
wurden, und weil alles, was wir taten, immer wieder verglichen wurde mit Fremd- und Ideal-Vor-
stellungen, die keiner erreichen konnte, verloren
viele von uns ihr leises und heimliches Wissen von
dem Wunderbaren und Beglückenden ihrer Existenz auf dieser Erde und ihre Freude an ihrem
Selbst-Sein.

So wurden aus Adlern, die es lieben, im Glanz
der Sonne in den weiten blauen Himmel hineinzu-
fliegen, Hühner, die im Staub der Straße scharren.
Wir fühlen uns dabei zwar elend, hoffnungslos
und entfremdet, aber wir kommen auch nicht auf
die Idee, daß es einen Ausweg aus diesem Gefäng-
nis der falschen Selbstvorstellungen geben könnte.

Warum bin ich nicht ich gewesen?

*I*n einer bekannten Weisheitsgeschichte der Chassidim sagt Rabbi Sussja vor seinem Ende:

> *In der kommenden Welt*
> *wird man mich nicht fragen:*
> *„Warum bist du nicht Mose gewesen?«*
> *Man wird mich fragen:*
> *„Warum bist du nicht Sussja gewesen?«*[3]

Kürzer kann man es kaum sagen, worauf es eigentlich ankommt in unserem Leben: daß wir wirklich diejenigen sind, die wir sind. Wenn wir in unserem Leben nicht wir selbst gewesen sind, war alles umsonst. Wir vertun die Hoffnung, die das Leben in uns setzte, als es uns als einzigartiges Wesen hervorbrachte.

Obwohl dieses »Sei, der Du bist« oder »Werde, der Du bist« die einfachste und selbstverständlichste Wahrheit von der Welt zu sein scheint, bereitet uns doch gerade sie die allergrößten Schwierigkeiten. Unausgesetzt und gegen alles bessere heimliche Wissen, daß wir etwas Unmögliches versuchen, bemühen wir uns verzweifelt, anders zu sein, als wir sind. Wir hoffen auf diese Weise, von den anderen Menschen jene Liebe, Achtung, Anerkennung und Bestätigung zu erhalten, die uns so lebensnotwendig ist und die wir früher nicht in dem Maße bekommen haben, wie wir sie gebraucht hätten.

Wir sind uns bei diesem Bemühen selbst zum ärgsten Feind geworden. Ständig vergleichen wir uns mit dem Aussehen, der Attraktivität, der Leistungsfähigkeit, dem Erfolg und dem Besitz anderer Menschen. Ständig kritisieren wir an uns herum, ständig sind wir unzufrieden damit, wer und was wir sind. Ständig versuchen wir, uns selbst und den anderen etwas vorzumachen. Wir verstecken uns ängstlich hinter unseren Masken und Statussymbolen, wir täuschen etwas vor, was nicht ist, wir verbergen, was nicht gesehen oder gewußt werden soll. Niemand soll etwas sehen von unseren vermeintlichen Schwächen und Fehlern, von unserer vermeintlichen Minderwertigkeit und Häßlichkeit, von unseren Ängsten, von unserer Hilflosigkeit und unseren schlimmen Geheimnissen. Niemand soll etwas davon erfahren, wie einsam, wie unverstanden, wie fremd wir uns fühlen, wie verletzbar wir sind. Wir fürchten die Scham, die Demütigung, die Verachtung, das Lächerlichgemachtwerden, wenn wir unser wahres Wesen zeigen.

Und das Schlimmste daran: Allen anderen geht es genauso. Aber weil kaum ein anderer zeigt, daß es ihm genauso geht, quälen wir uns mit Ansprüchen, die wir nicht erfüllen können, von denen wir aber glauben, daß die anderen sie erfüllen würden. So verraten wir unsere Wahrheit und Wirklichkeit Tag für Tag. Wir verraten uns selbst, obwohl wir uns doch eigentlich die Nächsten sein sollten. Aus Scham mißachten wir unsere Eigen- und Einzigartigkeit, unsere Begabungen und Fähigkeiten, unsere eigene Weisheit, aus Scham spüren wir nicht unsere eigene Fülle und Liebe, aus Scham spüren wir nicht unsere Göttlichkeit.

Leo Booth und John Bradshaw haben einen sehr eindrucksvollen meditativen Text über die Allgegenwart unserer Schamgefühle und unseres Leides, das wir uns durch unseren Selbstzweifel und die Selbstablehnung antun, geschrieben, der hier auszugsweise wiedergegeben werden soll:

Ich habe deine Seele gespalten
Ich habe dich bis zum Kern durchbohrt
Ich habe dir das Gefühl vermittelt, unvoll-
ständig und minderwertig zu sein

Ich habe dir Gefühle des Mißtrauens und
des Zweifels vermittelt, dir eingeredet, daß
du häßlich, dumm und minderwertig bist
Ich habe dafür gesorgt, daß du dich anders
fühlst als die anderen Menschen
Ich habe dir gesagt, daß mit dir etwas nicht
stimmt
Ich habe deine Gottähnlichkeit besudelt
Mein Name ist krankhafte Scham.
...

Ich komme vom Verlassenwerden, von der
Lächerlichkeit, dem Mißbrauch, der Ver-
nachlässigung – von perfektionistischen Sy-
stemen
Ich beziehe meine Kraft aus der schockieren-
den Intensität der Wut des Vaters oder der
Mutter
Aus den grausamen Bemerkungen
eines Geschwisters
Aus dem Hohn und den Demütigungen an-
derer Kinder
Aus dem ungelenken Bild, das dich
aus den Spiegeln anschaut
Aus der Berührung, die unangenehm ist
und Angst macht
Aus dem Klaps, dem Kneifen, dem Schütteln,

das das Vertrauen erschüttert
Ich werde stärker durch einen Rassisten,
durch eine sexistische Kultur
Wenn du von selbstgerechten, bigotten, reli-
giösen Menschen verdammt wirst
Durch die Angst und den Druck in der
Schule
Durch die Scheinheiligkeit der Politiker
Durch die Scham, die über viele Generatio-
nen hinweg gestörte Familiensysteme be-
stimmt hat.
Mein Name ist krankhafte Scham.
...
Ich kann eine Frau, einen Juden, einen
Schwarzen, einen Homosexuellen, einen
Orientalen, ein kostbares Kind in ein Mist-
stück, einen Itzig, einen Nigger, einen
Schwulen, eine Tunte oder einen egozentri-
schen kleinen Scheißer verwandeln
Ich kann chronische Schmerzen verursa-
chen,
Schmerzen, die nie nachlassen ...

Die Schmerzen, die ich dir bereite,
sind so unerträglich, daß du mich an andere
weitergeben mußt

Du erreichst das durch Kontrolle, Perfektio-
nismus, Verachtung, Kritik, Tadel, Neid,
Veurteilung, Macht und Zorn
Die Schmerzen, die ich dir bereite, sind so
intensiv, daß du mich mit Süchten, starren
Rollen, Wiederholungszwängen und unbe-
wußten Abwehrmechanismen zudecken
mußt
Die Schmerzen, die ich dir bereite, sind so
intensiv,
daß du dich betäuben mußt, damit du mich
nicht mehr spüren kannst ...

Ich morde deine Seele, und du gibst mich
von einer Generation an die andere weiter
Mein Name ist krankhafte Scham.[4]

Diese Gedanken sind keine Entschuldi-
gung, das "für" ... anzuklagen. Enthalten
auch kein Recht den hilflosen ... für
eigenes Versagen Verantwortung
zu fordern, jeder Mensch kann Gott
um Hilfe bitten. Es ist der Mensch
selbst, der sich dem Bösen preis gibt.
Warum lösen sich Menschen von der "Selbst-
verantwortung" die jedes System braucht?
Ich kann das Böse bzw. nicht in meinem Reich
zulassen!

Wer bin ich eigentlich wirklich?

*A*ber es gibt einen Weg aus unserer dauernden Selbst-Verleugnung, dem Verrat an uns und unserer Natur, aus dem Fluch unserer ewigen Scham- und Schuldgefühle, und dieser lautet:

Erkenne dich und dein wahres Selbst

Erkenne die fanshid di folt deinens Sein,
in die Sule gelegt hat,

und:

Liebe dich selbst – wie auch deinen Nächsten.

Vertraue der Liebesfottes ns, die, und be Vertrauens
in diesen erächslen

Selbst-Erkenntnis und Selbst-Liebe sind die beiden wichtigsten Schlüssel zur inneren Freiheit und zu einem erfüllten Leben. Sie bedingen einander, sie gehören zusammen wie die beiden Seiten einer Medaille. Sich selbst zu erkennen und zu lieben heißt, daß wir uns in unserer persönlichen Eigenart, unseren Vorzügen und Schwächen erkennen und lieben lernen. Es bedeutet aber auch – und hierin liegt der eigentlich entscheidende Aspekt – uns in unserem unpersönlichen Wesen, aus dem unser persönliches Ich-Erleben hervorgeht, zu erfahren und ihm und seiner Weisheit vertrauen zu lernen.

Der indische Weise Ramana Maharshi empfahl
den Suchenden, die zu ihm kamen, um Erleuch-
tung und Frieden zu finden, sich immer nur zu
fragen: »Wer bin ich?« Diese so unschuldig und
naiv klingende Frage führt tatsächlich wie keine
andere Frage unmittelbar und direkt ins Zentrum
des eigenen wahren Wesens, das überpersönlicher
Natur ist.

Sobald wir uns nämlich wirklich auf uns ein-
lassen und immer weiter und tiefer fragen: »Wer
bin ich eigentlich wirklich?« und »Was will ich eigentlich wirklich?«, zeigt sich unweigerlich, daß
unser persönliches Ich und unsere persönliche Le-
bens- und Erfahrungsgeschichte nur ein sehr klei-
ner Teil unseres Wesens sind.

Gewohnheitsmäßig bilden wir uns ein, wir
wüßten, wer wir sind. Wir haben den Eindruck,
wir – der Teil von uns, den wir mit »Ich« bezeich-
nen – seien es, der denkt, fühlt und will. Das
kommt uns so selbstverständlich und vertraut vor,
daß wir jemanden, der etwas anderes behauptet,
für verrückt halten. Wenn wir aber gelernt haben,
aufmerksam auf unsere inneren Vorgänge zu achten, können wir bemerken, daß Stimmungen und
Gefühle, Gedanken und Wünsche, Träume, Phantasien und Bedürfnisse in der Regel nur wenig un-

serem bewußten Wollen unterstehen und nur in seltenen Fällen von unserem Ich aktiv hervorgerufen werden. Sie kommen und gehen auf ihre eigene Weise, sie tauchen auf und verschwinden, und wir wissen eigentlich nicht, woher und wohin. Niemand von uns weiß, was er eigentlich macht, wenn er fühlt, nachdenkt, phantasiert oder irgendetwas will, und niemand von uns kann sicher wissen, was er in den nächsten Minuten fühlen, denken, phantasieren oder wollen wird. Wie können wir also glauben, wir wüßten, wer wir sind, und wir hätten uns unter Kontrolle?

So unglaublich es uns auch erscheint: Der weitaus überwiegende Teil unseres persönlichen Daseins und Erlebens wird organisiert und gesteuert von sehr weisen und intelligenten Vorgängen, die uns unbekannt sind und uns immer unbekannt bleiben werden. Wir sind nicht die, die wir bei oberflächlichem Hinsehen zu sein scheinen.

Das kosmische Wunder des
»Ich-bin-der-ich-bin«

Das Individuum ist eine Öffnung, durch die die ganze Energie des Universums sich ihrer selbst bewußt wird – ein Wirbel von Schwingungen, durch den sie sich selbst verwirklicht als Mensch, Tier, Blume oder Stern ...

Alan Watts[5]

Lassen Sie uns über folgendes nachdenken:

Jahrmilliarden hat das Universum gebraucht, um die Erde hervorzubringen.

Waren wir mit unserem Ich dabei, und haben wir das alles gemacht?

Jahrmilliarden von Versuchen und Irrtümern hat das Universum gebraucht, die Lebewesen hervorzubringen.

Waren wir mit unserem Ich dabei, und haben wir das alles gemacht?

Jahrmillionen hat das Leben gebraucht, um aus den Einzellern die unvorstellbare Viel-

falt an Formen und verschiedenen Lebensarten
hervorzubringen.

**Waren wir mit unserem Ich dabei, und haben
wir das alles gemacht?**

Jahrmillionen an Freuden und Leiden, an Hoffnung und Verzweiflung, an Lust und Angst, an
Geboren-Werden und Sterben-Müssen, an Fressen und Gefressen-Werden hat es bedurft, bis ein
menschlicher Organismus gebildet war.

**Waren wir mit unserem Ich dabei, und haben
wir das alles gemacht?**

An jeder Stelle der Entwicklung des Universums hätte die in ihm waltende schöpferische Energie halt machen können, sie hätte auf der Ebene
der Atome und Moleküle stehen bleiben können
oder auf der Ebene der verdichteten Materie, auf
der Ebene der Elemente Feuer, Wasser, Luft und
Erde, auf der Ebene der Einzeller, auf der Ebene
der Pflanzen. Aber sie hat nicht halt gemacht. Etwas in diesem Prozeß schien sich nicht aufhalten
lassen zu wollen, etwas scheint sich mit unendli-
cher Beharrlichkeit durch alle diese Ebenen
durchgerungen zu haben, bis es sich im menschlichen Organismus fand, wo es weiter nach Ausge-

staltung drängt und vermutlich noch kein Ende gefunden hat.

War dieses Etwas unser Ich?

Dieses Etwas, dieses »Es« – nennen wir es Energie, Leben, Geist, Intelligenz oder Gott –, ist etwas Größeres, Älteres, Unpersönlicheres als unser Ich. Dieses Etwas ist dem Ich vorangegangen in einem unfaßbaren jahrmilliardenlang währenden Prozeß der Evolution, und es geht ihm voraus in jeder neuen Menschwerdung.

Es war in uns wirksam, als mit unserer Befruchtung die Zellen begannen, sich nach uraltem Muster millionenfach zu teilen und immer spezialisiertere Aufgaben zu übernehmen, bis sich aus ihnen unsere körperliche Gestalt formte.

Dieses Etwas steuerte den Aufbau unserer Gehirnstruktur, legte in uns die Bereitschaft, später ein lernfähiger, bewußter Mensch zu werden.

Bei alldem waren wir nicht mit unserem Ich dabei, und wir haben das alles auch nicht gemacht!

Nachdem wir geboren waren, begannen wir Bedürfnisse und Gefühle in uns wahrzunehmen, die nicht aus unserem Ich kamen und die wir nicht gemacht hatten. Auf das, was wir in den er-

sten Lebensmonaten und Lebensjahren erlebten,
reagierten wir in einer Weise, die der in uns wirk-
samen unbewußten Intelligenz, unserer angeborenen Struktur und unseren Erfahrungen entsprach.
**Nirgends war da ein bewußtes Ich mit absicht-
lichem Wollen.**

Später entwickelte unser Organismus in
Wechselwirkung mit seinen Beziehungspersonen
und seiner Umwelt allmählich ein Selbst-Bewußtsein, ein Bewußtsein über seine eigene Existenz
und Eigenart. Er begann, von sich selbst als
»Ich« zu sprechen. Aber dieses Ich, das wir zu erleben begannen, kam nicht aus unserem Ich, und
wir hatten es auch nicht erzeugt. Es ist so unper-
sönlich aus einem geheimnisvollen Hintergrund
und einer vielschichtigen Beziehungs-dynamik
heraus entstanden, wie alles andere auch.

Und an all dem hat sich bis heute nichts geändert. Wir sind nicht die, die wir naiverweise zu
sein glauben. Unser Ich, das uns als das Allerper-
sönlichste und Allervertrauteste vorkommt, ist
dies nur an der Oberfläche und bei unscharfem
Hinsehen. Es wurzelt in einem unpersönlichen
oder auch überpersönlichen Vorgang. Und dieser
untergründige Prozeß, diese verborgene Intelli-

genz, dieses geheimnisvolle Leben in uns steuert jetzt, in diesem Augenblick, unsere Empfindungen, Gefühle, Gedanken, unsere Wünsche und Hoffnungen, unser Wollen und Handeln auf verborgene Weise so, wie es dies schon immer, seit Urzeiten, getan hat.

In jeder Sekunde unseres Lebens laufen gleichzeitig und fein aufeinander abgestimmt unzählige physikalische, elektrische, chemische, hormonelle, physiologische, kommunikative und psychische Vorgänge in uns ab, von deren Wirken wir zwar meist nichts bemerken, die aber alle nötig sind, damit unser Leben so selbstverständlich und ungestört geschehen kann, wie wir es gerade erleben. Alles, was wir zu jedem Augenblick unseres Lebens sind, beruht auf einem überaus geordneten Zusammenspiel der tausendfältigen unbewußten Funktionen unseres Körpers, der Psyche und der Umwelt. Was wir als normales, waches, klares Bewußtsein erleben, ist eine mit nichts sonst auf der Welt vergleichbare Höchstleistung unseres Nervensystems.

Wenn schon alles, was die Evolution hervorgebracht hat, erstaunlich genug ist, so ist doch die Fähigkeit des Organismus, die Erfahrung des »Ich bin« hervorzubringen und sich seiner selbst bewußt zu werden, das größte Wunder überhaupt. Man muß sich nur vorstellen, daß jahrmillionenlang alles Leben und alle Entwicklung in einem unbewußten, vielleicht schlafähnlichen, vielleicht traumhaften, instinktiv gesteuerten Zustand ablief, daß die ganze Vielfalt und Schönheit des Lebens vorhanden war, ohne daß es jemand wirklich wach und bewußt erkannte.

Und dann kam dieser ungeheure Entwicklungssprung, daß sich die Atome und Moleküle unseres Organismus so anordneten, daß Sprache, Denken und Selbst-Bewußtsein entstehen konnten! Bis heute wissen wir nicht, was Bewußtsein eigentlich ist und wie es zustandekommt, aber die Wissenschaft beginnt zu erkennen, daß das sich selbst bewußt werdende Ich den differenziertesten Aspekt der bisherigen evolutionären Entwicklung darstellt. Moderne Neurophysiologen sind der Auffassung, daß das Gehirn – soweit uns bisher bekannt – das komplexeste und wundersamste Stück Materie im ganzen Universum ist. Sie vermuten, daß die mögliche Zahl der Verbindungen, die von den hundert Milliarden Nervenzellen geknüpft werden können, noch größer ist als die Zahl der Atome im ganzen Universum.

Damit bestätigt sich auf der biologischen Ebene, was die Mystiker schon immer wußten: Der Körper und der menschliche Geist ist ein Mikrokosmos im Makrokosmos, ein Abbild des ganzen Universums.

Unser Ich – können wir hier überhaupt von »unser« sprechen? – ist jener Teil der Schöpfung, in dem das Universum zur Erfahrung seiner eigenen Natur kommt: »Ich bin, der ich bin.« Einem alten Weisheitsspruch entsprechend ließe sich formulieren: Die evolutionäre Energie des Universums existiert in der Materie, in den Pflanzen schläft sie, in den Tieren träumt sie, und im Menschen erwacht sie zu sich selbst.

Damit kommt dem Bewußtsein und dem »Ich-bin«-Erleben des Menschen eine kosmos- und welt-schöpferische Funktion zu. Ohne ein Ich-Bewußtsein, das die Welt spiegelt und erlebt, existiert die Welt in gewissem Sinne überhaupt nicht.

Vermutlich hat kein Psychologe in diesem Jahrhundert nachdrücklicher auf die unabsehbare Bedeutung der Bewußtseinsentwicklung hingewiesen als der Schweizer Arzt und Tiefenpsychologe C.G. Jung. Er beschreibt in seiner Autobiographie eine für ihn wegweisende Erfahrung, die er 1925 in Afrika machte:

*Auf einem niedrigen Hügel in dieser weiten
Savanne erwartete uns eine Aussicht sonder-
gleichen. Bis an den fernsten Horizont sahen
wir riesige Tierherden ... Langsam strö-
mend, grasend, die Köpfe nickend, bewegten
sich die Herden – kaum daß man den me-
lancholischen Laut eines Raubvogels ver-
nahm. Es war die Stille des ewigen Anfangs,
die Welt, wie sie schon immer gewesen, im
Zustand des Nicht-Seins; denn bis vor kur-
zem war niemand vorhanden, der wußte,
daß es »diese Welt« war. Ich entfernte mich
von meinen Begleitern, bis ich sie nicht mehr
sah und das Gefühl hatte, allein zu sein. Da
war ich nun der erste Mensch, der erkannte,
daß dies die Welt war und sie durch sein
Wissen in diesem Augenblick erst wirklich
erschaffen hatte. Hier wurde mir die kosmische Bedeutung des Bewußtseins überwälti-
gend klar ... der Mensch ist unerläßlich zur
Vollendung der Schöpfung, ja er ist der
zweite Weltschöpfer selber, welcher der Welt
erst das objektive Sein gibt, ohne das sie ungehört, ungesehen, lautlos fressend, gebä-
rend, sterbend, köpfenickend durch Hunder-
te von Jahrmillionen in der tiefsten Nacht*

des Nicht-Seins hin ablaufen würde. Menschliches Bewußtsein erst hat objektives Sein und den Sinn geschaffen, und dadurch hat der Mensch seine im großen Seinsprozeß unerläßliche Stellung gefunden.[6]

Auch moderne Wissenschaftler greifen diese Erkenntnis inzwischen auf. Der amerikanische Astrophysiker Swimme beispielsweise schreibt:

Das Universum ist ununterbrochen dabei, sich zu entfalten, und fährt stetig fort, sich durch das menschliche Bewußtsein seiner selbst offenbar zu werden ... Der Mensch bietet den Raum, in dem das Universum seine überwältigende Schönheit empfinden kann. Denk dir das folgendermaßen:
Vor der Ankunft des Menschen waren die Erde und das Universum schon grandiose Wirklichkeit. Es gab jedoch noch nichts, was diese Herrlichkeit in all ihrer Tiefe empfinden und würdigen konnte. Durch uns ist einiges im Universum imstande, sich erleben zu lassen ... Im Innersten des Menschen erbebt das Universum vor Staunen über all diese Wunder ...[7]

»Menschliches Bewußtsein erst hat objektives Sein und den Sinn geschaffen, und dadurch hat der Mensch seine im großen Seinsprozeß unerläßliche Stellung gefunden« und »Im Innersten erbebt das Universum vor Staunen über all diese Wunder ...«: Leider haben wir Menschen noch lange nicht begriffen, was diese Einsichten in ihrer ganzen Tragweite wirklich bedeuten. Uns sind die großen Aufgaben und unglaublichen Möglichkeiten, in die uns der evolutionäre Prozeß hineingestellt hat, ebensowenig bewußt wie die beglückenden Perspektiven, die sich für uns daraus ergeben. Würden sie uns bewußt, könnte endlich ein wahrhaft lebens- und menschenwürdiges »Goldenes Zeitalter« beginnen.

Das bist du

Wer den Weg nach innen fand,
Wer in glühndem Sichversenken
Je der Weisheit Kern geahnt,
Daß sein Sinn sich Gott und Welt
Nur als Bild und Gleichnis wähle:
Ihm wird jedes Tun und Denken
Zwiegespräch mit seiner eignen Seele,
Welche Welt und Gott enthält.

Hermann Hesse[8]

Wenn wir also tiefer in die eigene Seele blicken, wenn wir versuchen, herauszufinden, wer wir eigentlich wirklich sind und woraus wir wirklich leben, dann müssen wir entdecken, daß wir gar nicht die sind, die wir vordergründig zu sein glauben. Wir entdecken, daß das, was wir für das Ganze unserer Existenz hielten, unser persönliches Ich und unsere Identität, unsere persönliche Welt und Geschichte getragen und umfangen werden von einer größeren seelischen Wirklichkeit, vergleichbar etwa einem Tropfen Wasser im Ozean. Wir entdecken, daß hinter unserem persönli-

chen Ich-Willen, unserem Ich-Bewußtsein, hinter
unserer tiefen Sehnsucht nach Befreiung noch etwas anderes wirksam ist, nämlich ein kosmischer
Wille, ein kosmisches Bewußtsein, eine kosmische
Sehnsucht, die ins Leben hineindrängen. Wir entdecken, daß das Ich und das Selbst, Ich und Gott
ein und dasselbe sind.

Die östlichen Religionen und die Mystiker des
Abendlandes haben schon immer von der geheimen Identität von Schöpfung und Mensch gewußt. »Tat tvam asi«: »Das bist Du« ist der
Grundgedanke der indischen Philosophie. In den
Upanishaden heißt es über das innere Selbst als
den transpersonalen Wesenskern des Menschen:

Das Selbst wohnt in allen Wesen,
es ist im Inneren aller Wesen;
die Wesen aber kennen es nicht;
alle Wesen sind sein Leib,
es lenkt alle Wesen von innen.
Es ist ungesehen, aber sehend;
ungehört, aber hörend;
ungedacht, aber »der Denker«.
Es ist ungekannt und dennoch der Kenner.
Es gibt keinen, der sieht, außer ihm,
keinen, der hört, außer ihm.

Keinen, der denkt,
Keinen der wahrnimmt, außer ihm.
Es ist das Selbst,
der innere Lenker,
der Eine Unsterbliche.[9]

Der Zen-Buddhismus erinnert uns immer wieder daran, daß die Buddha-Natur nicht gesucht und nicht gefunden werden kann, weil wir schon immer eins mit ihr sind.

Alle Wesen sind Buddhas von Anbeginn.
Es ist wie Wasser und Eis:
Getrennt vom Wasser kann es Eis
nicht geben.
Wenn nicht in fühlenden Wesen,
wo wäre der Buddha zu finden?
Nicht wissend, wie nah ihm die Wahrheit sei,
Sucht sie das Volk in weiter Ferne ...
Dem Manne gleich, der mitten im Wasser
Verdurstend nach einem Trunke schreit.[10]

Angelus Silesius beschreibt in seinem »Cherubinischen Wandersmann« in immer neuen Variationen und Versen die wechselseitige Beziehung und Abhängigkeit zwischen dem transpersonalen,

göttlichen Teil in uns und dem sich als persönlich,
als individuell empfindenden Ich:

> *Ich weiß, daß ohne mich*
> *Gott nicht ein Nu kann leben;*
> *Werd ich zunicht,*
> *er muß von Not den Geist aufgeben.*[11]

oder:

> *Gott ist in mir das Feur und ich in ihm der*
> *Schein;*
> *Sind wir einander nicht ganz inniglich ge-*
> *mein?* [12]

Auch das christliche Evangelium könnte, unter
einem solchen mystischen Aspekt gesehen, für
uns zu einer neuen, befreienden frohen Botschaft
werden, die von brennender Aktualität ist. Der
ganze Lebens- und Leidensweg Jesu spiegelt das
Drama der Menschwerdung Gottes, das sich
nicht nur in einem vergangenen historischen Geschehen ereignet hat, sondern das sich immer
wieder neu mit jeder Geburt und mit jedem Le-
bensprozeß in jedem Menschenwesen vollzieht.
Wir alle – oder Gott in uns – gehen einen

schmerzvollen Kreuzigungsweg, bis wir nach vielen Irrtümern, Verblendungen und Täuschungen entdecken, was unser wahres Wesen ist. Nach dem Tod unserer falschen, gefangensetzenden Vorstellungen über uns selbst können wir in einem neuen Bewußtscin über unsere kosmische Natur wiederauferstehen. Die Geburt des Christuskindes, die wir alljährlich zu Weihnachten feiern, symbolisiert dann die Erfahrung der transpersonalen Lebendigkeit und Kreativität in uns. Wir können nun unmittelbar spüren, daß wir Wesen der Liebe und der Freude sind und daß, wie Jesus gesagt hat, das Himmelreich tatsächlich nah ist.

Aber wir scheinen nichts von dieser, unserer wahren göttlichen Natur wissen zu wollen. Und dieses Nicht-Zur-Kenntnis-Nehmen des uns steuernden und tragenden Hinter- oder Untergrundes, diese Illusion eines aus sich selbst heraus wollenden, von allem anderen abgesonderten Ich macht in hohem Maße das Leiden und die Tragik unseres Daseins aus.

»O Gott!« rief einer viele Nächte lang,
Und süß ward ihm sein Mund
von diesem Klang.
»Viel rufst du wohl«, sprach Satan
voller Spott.
»Wo bleibt die Antwort ›Hier bin Ich!‹
von Gott?
Nein, keine Antwort kommt
vom Thron herab!
Wie lange schreist Du noch ›O Gott!‹?
Laß' ab!«

Als er betrübt, gesenkten Hauptes, schwieg,
Sah er im Traum wie Chidr niederstieg
Und sprach: »Warum nennst du Ihn denn
nicht mehr? Was du ersehnt – bereust du es
so sehr?«
Er sprach: »Nie kommt die Antwort:
›Ich bin hier!‹
So fürchte ich, Er weist die Türe mir!«
»Dein Ruf ›O Gott!‹ ist Mein Ruf:
›Ich bin hier!‹
Dein Schmerz und Flehn, ist Botschaft doch
von Mir,
Und all dein Streben, um Mich zu
erreichen –

Daß ich zu Mir dich ziehe, ist's
ein Zeichen!
Dein Liebesschmerz ist Meine Huld
für dich –
Im Ruf ›O Gott!‹ sind hundert ›Hier bin
ich!‹«[13]

Die Erkenntnis, daß unser persönliches Suchen,
Sehnen und Wollen zugleich das Suchen, die Sehnsucht und das Wollen des Universums, des Lebens
oder des Göttlichen sind, die Entdeckung, daß jener Teil in uns, der empfindet und fühlt: »Ich bin
ich« zugleich jener Teil ist, in dem sich das Universum seiner selbst bewußt wird, läßt uns unser Leben in neuem Licht und neuem Glanz erscheinen.

Die Schöpfung und das Leben feiern in uns
ständig in stiller Ekstase das Mysterium des Daseins. Sie feiern in uns ihre eigene Offenbarung.
Wenn wir das erkennen, was gibt es dann noch
Wichtigeres zu tun, als voller Dankbarkeit und
tiefer Freude mitzufeiern? Dann wird uns auch
unsere Lebensbestimmung deutlich, nämlich, mit
dazu beizutragen, daß die Schöpfung in und
durch uns das verwirklichen kann, was ihre inner-
ste Sehnsucht ist: Die Fülle des Lebens in Freiheit
auszudrücken, zu einem klaren Bewußtsein der

Wahrheit und Wirklichkeit zu gelangen, sich in Liebe mit allem, was existiert, verbunden zu fühlen und die grenzenlose Freude über dieses Wunder der Existenz mit allen zu teilen. Und das geht nur, wenn wir uns selbst liebevoll annehmen und zum Ausdruck bringen, was wir wirklich sind. In der Liebe zu uns selbst lieben wir das göttliche Kind in uns, lieben wir die Schöpfung, die sich durch uns verwirklichen möchte und fühlen uns mit allem verbunden, was ist.

Selbst-Liebe ist Nächstenliebe

Der Grund aller Weisheit ist: Glück kommt nur durch Liebe. Sage ich nun: »Liebe deinen Nächsten!« so ist das schon eine verfälschte Lehre. Es wäre viel richtiger zu sagen: »Liebe dich selbst so wie deinen Nächsten!« Und es war vielleicht der Urfehler, daß man immer beim Nächsten anfangen wollte.

Hermann Hesse[14]

Ohne Liebe zu sich selbst ist auch die Nächstenliebe unmöglich. Der Selbsthaß ist genau dasselbe und erzeugt am Ende dieselbe grausige Isoliertheit und Verzweiflung wie der grelle Egoismus.

Hermann Hesse[15]

Es ist möglich, daß uns die Liebe zu uns selbst sehr schwer fällt, weil wir das Gefühl haben, daß dies etwas sehr Egoistisches ist und das Wohlergehen anderer Menschen ausklammert. Darin steckt ein Körnchen Wahrheit. Leicht läßt sich Egoismus

mit Selbst-Liebe verwechseln. Auch kann es durch-
aus sein, daß wir für eine längere Zeit »egoisti-
scher« erscheinen als früher, wenn wir endlich mit
uns selbst wohlwollend umgehen und beginnen,
uns selbst treu zu sein. Und es besteht auch eine ge-
wisse Gefahr, daß wir dann unseren »Egoismus«
übertreiben. Aber zwischen der Liebe zu sich selbst
und der Liebe zu anderen Menschen und der Welt
besteht kein prinzipieller Widerspruch. Sie schlie-
ßen sich nicht aus, sondern ein.

Jede Selbst-Erkenntnis und Selbst-Verwirkli-
chung, die tief genug reicht, um die Wurzeln unserer Existenz wahrzunehmen, führt zu dem Gefühl
einer dankbaren und liebevollen Verbundenheit
mit dem Leben, der Umwelt und den Mitmenschen. Dazu, daß wir heute so leben können, wie
wir es tun, und so sein können, wie wir sind, haben unzählige Naturvorgänge und unzählige Lebewesen mit ihren Hoffnungen und Leiden, mit
ihren Wünschen und Sehnsüchten, mit ihrem
Wissen und ihrer Liebe beigetragen.

Kein Wort könnten wir denken, keinen Satz sagen, keine Handlung vollziehen, keinen Gegen-
stand gebrauchen, keine Annehmlichkeit, die uns
das Leben erleichtert, genießen, wenn sie uns
nicht durch andere Menschen vermittelt worden

wären. Ohne die Mühe und die Liebe der anderen Menschen würden wir nicht existieren. Wir sind in jeder Faser unseres Wesens und unserer Existenz bezogen auf andere Menschen, auf andere Lebewesen, auf die uns umgebende Umwelt und Natur. Wir sind niemals getrennt von allem anderen. Das soziale Miteinander und das soziale Aufeinander-Angewiesensein bilden zusammen mit unserer Verankerung in einer überpersönlichen Dimension die Basis unseres Daseins. Deshalb kann ein mit sich und seinem Leben im Einklang lebender Mensch niemals ganz glücklich sein, wenn es anderen Menschen und Lebewesen schlecht geht.

Auf diese enge Verflechtung zwischen Selbst-Liebe und Nächstenliebe weist Meister Eckehart hin, wenn er sagt:

Hast du dich selbst lieb, so hast du alle Menschen lieb wie dich selbst. Solange du einen einzigen Menschen weniger lieb hast als dich selbst, so hast du dich selbst nie wahrhaft liebgewonnen.[16]

Wahre Selbst-Liebe ist Nächstenliebe. Je tiefer wir uns in unserer Menschlichkeit und Göttlichkeit

erkennen und annehmen lernen, desto mehr erfahren wir unsere Gemeinsamkeit mit anderen
Lebewesen und mit anderen Menschen. Und dar-
überhinaus: Wenn wir gut für uns sorgen, dann
sorgen wir nicht nur für uns, sondern wir übernehmen auch Verantwortung für ein Wesen, das
nur zu einem kleinen Teil »uns« gehört, und zu
einem viel größeren Teil der Schöpfung. Dazu
müssen wir den Mut besitzen, unser ganzes Wesen in seiner Vielgestaltigkeit und seinen vielen
Aspekten, in seinen guten und bösen, in seinen
starken und schwachen, seinen weiblichen und
männlichen, in seinen differenzierten und seinen
undifferenzierten Seiten zu sehen und anzuerken-
nen, den Neandertaler in uns ebenso wie unser in-
neres Kind, den liebenden wie den hassenden, den
Nähe suchenden wie den nach Autonomie stre-
benden Teil.

Selbst hinter unseren ehrgeizigsten Größen-
und Machtphantasien und unseren narzißtischen
Bedürfnissen wie zum Beispiel denen nach ständiger Bewunderung, Bestätigung und Anerkennung,
können wir dann die Wirksamkeit überpersönlicher Kräfte erfahren. Wer oder was ist es eigentlich, das uns so sehr danach drängt, etwas Besonderes zu sein? Solange wir nicht verstehen, daß

sich hinter solchem Drang letztlich die Sehnsucht des Universums und des Göttlichen nach Selbstoffenbarung verbirgt, werden wir keine Ruhe finden. Kein Geld und kein Besitz, keine Attraktivität und Schönheit, keine Leistung und kein Erfolg in der äußeren Welt können dieses unstillbare Verlangen befriedigen. Die Erfüllung – und das ist die Botschaft aller religiösen Lehrer der Menschheit – kann nur dadurch gefunden werden, daß wir unsere wahre Natur entdecken. Gott in uns will endlich in seiner ganzen Größe und Wunderbarkeit gesehen, anerkannt und bestätigt werden.

Ich bin, wie ich bin

Das größte Problem mit der Selbst-Liebe scheint für uns darin zu liegen, daß wir immer wieder dazu neigen, die besondere Eigenart und die polare Ganzheit unseres Wesens zu verleugnen. In vielen östlichen und westlichen Religionen, in esoterischen Systemen und psychologischen Verfahren wurde versucht, eine Befreiung des Menschen dadurch zu erreichen, daß bestimmte ideale Tugenden geübt und andere unterdrückt werden sollten. Einige sahen den zu bekämpfenden Feind im Körper und der Sexualität, andere in den natürlichen Bedürfnissen des Menschen nach Besitz und Sicherheit, wieder andere im Ich und seinem Bedürfnis nach Anerkennung und Macht, und noch andere wollten gar die Erde, die Materie überhaupt überwinden.

Solche Versuche aber müssen scheitern. Sie machen uns nicht glücklich, sondern unglücklich, denn sie verletzen und zerreißen unsere polare Ganzheit. Sie gehen von der falschen Vorstellung aus, der Mensch könne seine Natur überwinden oder seinen Frieden finden, indem er eine radikale Trennung vollzieht zwischen seinen sogenann-

ten guten, richtigen und seinen bösen, falschen
Seiten. Diese Trennung aber ist es gerade, die so
viel zu unserer Gewalttätigkeit, unseren lebens-
langen inneren Konflikten beigetragen hat. Natürlich gibt es destruktive, grausame und dunkle
Seiten in der menschlichen Natur. Diese können
aber nicht überwunden oder bewältigt werden,
indem wir so tun, als hätten wir sie nicht.
Der einzige Weg ist, sie kennenzulernen, sie aufmerksam als zu sich selbst gehörend anzunehmen
und mit ihnen verantwortlich und bewußt zu
leben.

Yang Chu, ein chinesischer Taoist schreibt:

> *Laß das Ohr hören, was es hören will,*
> *das Auge sehen, was es sehen will,*
> *die Nase riechen, was sie riechen will,*
> *den Mund sprechen, was er sprechen will,*
> *gib dem Körper alles,*
> *was er zu seiner Bequemlichkeit begehrt,*
> *laß dem Geist freien Lauf.*
>
> *Jetzt will das Ohr Musik hören, und wenn*
> *sie ihm versagt wird, verkrampft sich der*
> *Gehörsinn.*

*Das Auge will fleischliche Schönheit sehen,
und wird sie ihm versagt, so verkrampft sich
der Gesichtssinn.
Die Nase begehrt die Nähe der duftenden
Pflanzen ... Wenn sie sie nicht bekommt,
verkrampft sich der Geruchssinn.
Der Mund begehrt von dem zu reden, was
wahr und was falsch ist, und wenn er nicht
reden darf, verkrampft sich das Wissen.
Der Körper begehrt für sein Wohlbefinden
Wärme und gute Speisen. Hinderst du sein
Verlangen danach, so verkrampfst du das,
was dem Menschen natürlich und wesent-
lich ist.
Der Geist begehrt die Freiheit, nach Belieben
umherzuschweifen, und hat er diese Freiheit
nicht, so wird der Mensch in seinem Wesen
selbst verkrampft und behindert.*[17]

Diese wohlwollende Einstellung gegenüber den
Bedürfnissen unseres Körpers und den Eigenschaften unserer Seele ist überraschend modern
und entspricht den Vorstellungen der besten psychologischen Denker unseres Jahrhunderts.

Carl Rogers, der von taoistischen Gedanken in-
spirierte Begründer der Gesprächspsychotherapie,

faßt in einem Aufsatz einige seiner wichtigsten Erkenntnisse, die er im Laufe seines langen Lebens
gewonnen hat, zusammen. Er schreibt:

> *In meinen Beziehungen zu Menschen habe*
> *ich herausgefunden, daß es auf lange Sicht*
> *nicht hilft, so zu tun, als wäre ich jemand,*
> *der ich nicht bin.*
> *Es hilft nicht, ruhig und freundlich zu tun,*
> *wenn ich eigentlich ärgerlich bin und Be-*
> *denken habe.*
> *Es ist nicht hilfreich, so zu tun, als wüßte ich*
> *die Antworten, wenn ich sie nicht weiß.*
> *Es hilft nicht, den liebevollen Menschen zu*
> *spielen, wenn ich im Augenblick eigentlich*
> *feindlich gestimmt bin.*
> *Es hilft mir nicht, so zu tun, als wäre ich*
> *voller Sicherheit, wenn ich eigentlich beäng-*
> *stigt und unsicher bin ...*
> *Es hilft mir nicht, so zu tun, als sei ich ge-*
> *sund, wenn ich mich krank fühle.*[18]

Und an anderer Stelle:

> *Je mehr ich einfach gewillt bin, inmitten*
> *dieser ganzen Komplexität des Lebens ich*

selbst zu sein, und je mehr ich gewillt bin,
die Realitäten in mir selbst und im anderen
zu verstehen und zu akzeptieren, desto mehr
scheint Veränderung in Gang zu kommen.
Es ist eine sehr paradoxe Sache – in dem
Maße wie jeder von uns gewillt ist, er selbst
zu sein, entdeckt er, daß er sich verändert,
und nicht nur das: Er findet auch, daß sich
andere verändern, zu denen er Beziehung
hat. Dies ist zumindest ein sehr lebendiger
Teil meiner Erfahrung und eine der tiefsten
Erkenntnisse, die ich in meinem persönli-
chen und beruflichen Leben gewonnen zu
haben glaube.[19]

Ganz besonders wichtig an diesen Erfahrungen
von Carl Rogers ist, daß sich wesentliche Veränderungen offenbar erst dann ergeben, wenn wir
bereit sind, uns vollständig zu akzeptieren. Diese
Veränderungen sind aber keine gewollten und be-
absichtigten, sie entsprechen keinen idealen Er-
wartungen und Vor-Einstellungen, sondern es
sind solche, die sich spontan aus den natürlichen
Wachstums- und Entwicklungstendenzen unseres
Organismus ergeben, wenn wir ihnen mit unseren
falschen Vorstellungen nicht entgegenwirken.

Auch scheinen sie eine ansteckende, inspirierende
Wirkung auf unsere Mitmenschen zu haben. Sie
sind von solcher Art, daß sie unser Leben offener,
freier, liebevoller und glücklicher machen und dadurch unsere Mitmenschen dazu ermutigen, sich
ebenfalls ihrer inneren Wahrheit und Wirklichkeit
zu öffnen.

Und dann können wir vielleicht mit Matthias
Claudius »täglich singen«:

> *Ich danke Gott und freue mich*
> *wie's Kind zur Weihnachtgabe,*
> *daß ich bin, bin! Und daß ich Dich,*
> *schön menschlich Anlitz! habe;*
>
> *Daß ich die Sonne, Berg und Meer*
> *und Laub und Gras kann sehen*
> *und abends unterm Sternenheer*
> *und lieben Monde gehen;*
>
> *Und daß mir denn zumute ist,*
> *als wenn wir Kinder kamen*
> *und sahen, was der Heil'ge Christ*
> *Bescheret hatte, Amen!*[20]

Die Ganzheit „ sein, sist Vorland, Leben „

Quintessenz

Haben: Was der Mensch braucht; soziales haben zum täglichen Leben, auch verantwortliche Vorsorge für Krankheit und Alter!

Aus nichts anderem kann man leben,
als aus dem, was man ist.

C.G. Jung[21]

Niemand kann unser Leben leben, niemand kann für uns das tun, was nur wir tun können. Die »großen« Menschen der Menschheit zeichnen sich alle durch eben dies aus: Sie waren sie selbst, sie gingen ihren eigenen Weg, sie taten das, was ihnen und ihrem Wesen entsprach. Zwar lernten sie von anderen Menschen, zwar hatten auch sie ihre Lehrmeister und Vorbilder, aber sie ahmten sie nicht nach, sie imitierten sie nicht. Sie übernahmen das von den anderen Gelernte auf ihre eigene Weise.

Schon Gautama Buddha hob die Wichtigkeit der Treue zu sich selbst hervor:

Glaubt nicht an irgendwelche Überlieferungen, nur weil sie für lange Zeit in vielen Ländern Gültigkeit besessen haben.

Haben nur das ins ponieren ist unsozial! ?
Demreirt; Verantwortung und Freund von der Schöpfung,

Glaubt nicht an etwas, nur weil es viele dauernd wiederholen.

Akzeptiert nichts, nur weil ein anderer es gesagt hat, weil es auf der Autorität eines Weisen beruht oder weil es in einer heiligen Schrift geschrieben steht.

Glaubt nichts, nur weil es wahrscheinlich ist.

Glaubt nicht an Einbildungen und Visionen, die ihr für gottgegeben haltet. Aber prüft die Geister ins Jubel und fürs Gottes! *Glaubt nichts, nur weil die Autorität eines Lehrers oder Priesters dahinter steht.* Sondern weil der Glaube ein Geschenk ist und *Glaubt an das, was ihr durch lange eigene Prüfung als richtig erkannt habt, was sich mit eurem Wohlergehen und dem anderer vereinbaren läßt.* eine frohe Kraft

Daraus läßt sich ableiten:

Wir müssen endlich damit anfangen, uns ganz zu bejahen und zu lieben, wie wir sind. Wenn wir uns des Geschenkes der Schöpfung für würdig erweisen und die Verantwortung für die damit verbundenen Aufgaben übernehmen wollen, dann müssen wir allen Abwertungen und Mißhandlun-

Sein – Kunst

gen dieses wunderbaren, geheimnisvollen Wesens, das wir sind, entschieden und mit aller Energie entgegentreten. Wir dürfen es nicht mehr zulassen, daß andere oder wir selbst entwürdigend und verächtlich mit uns umgehen.

Sorgen wir gut für uns selbst. Auch wenn wir in unserer Kindheit das Glück hatten, liebevolle Eltern zu haben, die gut für uns gesorgt haben, gibt es später, wenn wir erwachsen sind, für uns nur einen Menschen, der gut für uns sorgen kann: Das sind wir selbst. Niemand kann wirklich wissen, was wir brauchen, um ein zufriedenes, erfülltes Leben zu führen. Achten wir auf das, was uns guttut, ebenso wie auf das, was uns nicht guttut, und leben wir danach.

Stehen wir zu unserer individuellen Eigen- und Einzigartigkeit, zu unserem Geschlecht, zu unserem Aussehen, zu unserem Körper, zu unserem Alter, zu unserem Charakter, zu unserer Intelligenz. Hören wir auf, uns mit anderen Menschen zu vergleichen, uns zu kritisieren, abzuwerten oder wegen unserer Eigenart zu verteidigen oder zu rechtfertigen. Versuchen wir nicht, jemand anderes zu sein. Versuchen wir nicht zu sein, wie »man sollte« oder wie »man müßte«. Es ist unmöglich. Werden wir uns bewußt, daß es

einen Menschen wie uns kein zweites Mal auf
dieser Erde geben wird, noch jemals gegeben hat.
Alle abwertenden Vergleiche bringen uns und anderen Menschen nichts anderes als Leiden und
Qual. Unsere Einzigartigkeit ist das Kostbarste,
was es gibt. Kein anderer Mensch ist in der Lage
das zu tun, was wir tun können, wie gering unser
Beitrag zum Leben auch aussehen mag.

Lernen wir uns kennen, so gut es uns möglich
ist, damit wir unseren Lebens-Auftrag und die
Hoffnung, die die Schöpfung in uns gesetzt hat,
erfüllen können. Beobachten wir unsere seelischen Vorgänge und unsere Verhaltensweisen mit
wohlwollender Achtsamkeit, das heißt nehmen
wir alles wahr, was in uns ist, ohne es gleich zu
bewerten und zu verurteilen. Wagen wir es ganz
besonders, alle jene Seiten unseres Wesens wahrzunehmen, die uns angstmachen, derer wir uns
schämen und die in uns Schuldgefühle erzeugen.
Seien wir uns selbst gegenüber aufrichtig, denn in
vielem, was wir aus Gewohnheit ablehnen, steckt
verborgenes Lebenspotential, das nicht erlöst und
verändert werden kann, wenn wir es nicht erst
einmal annehmen. Manches, was uns zunächst
wie eine Schwäche erscheint, kann sich bei tiefe-
rem Verstehen als Stärke entpuppen, und man-

ches, was wir als gut und stark empfinden, kann sehr dunkle Schattenseiten haben. Seien wir uns auch dessen bewußt, daß die meisten bösen und schlechten Seiten in uns letztlich darauf zurückzuführen sind, daß wir uns nicht geliebt fühlen und uns selber nicht lieben. *Korrektur der Kindheit, Erlebnisse in Erinnerung bringen*

Versöhnen wir uns deshalb mit unserer Vergangenheit, mit unseren Fehlern und Schwächen. Dann werden wir auch erfahren, daß wir uns viel leichter verändern können, als wir dachten. Wenn es etwas gibt, das zu verändern wirklich wichtig ist, dann werden wir auch die Energie und Lust haben, es zu tun, weil wir es aus Liebe zu uns selbst tun.

Zeigen wir uns anderen Menschen mit allen unseren Seiten, besonders auch den ängstlichen, unsicheren und fehlerhaften. Seien wir uns bewußt: Das Leben, die Natur und alles Lebendige in ihr sind ein einziges großes Wunder und Mysterium. Niemand ist in der Lage, sicher zu wissen, was in einem bestimmten Augenblick das Beste und das Richtige ist. Das Leben und die Seele sind zu vielschichtig, als daß wir in irgendetwas sicher sein könnten. Sicherheit existiert nirgends. Alles ist ein ständiger Prozeß des Wandels. Wir leben durch Versuch und Irrtum. Fehler zu machen ist deshalb unvermeidlich. Aus unseren Erfahrungen können wir immer nur hinterher lernen.

Lassen wir uns nicht mehr verunsichern von Menschen, die uns sicher erscheinen. Diese Sicherheit ist nur vordergründig und meist sehr teuer erkauft. Ein Mensch, der nicht wagt, Fehler zu machen, sich zu irren, unsicher zu sein, kann nicht lebendig und schöpferisch sein. Ein sicherer Mensch ist ein toter Mensch.

Lernen wir, unseren spontanen Impulsen zu vertrauen, die aus unserem Selbst kommen. Erlauben wir uns, neugierig, interessiert, engagiert, lernfreudig zu sein und ermöglichen wir es unserem Selbst, auf diese Weise soviel über das Leben zu erfahren, wie es nur will. Manche spontane Reaktionen, die aus unserem Selbst kommen, mögen überraschend, ungewöhnlich, merkwürdig, verrückt erscheinen und uns von daher erschrecken, aber wir können ziemlich sicher sein – von extremen Notsituationen einmal abgesehen: sie werden uns und andere nicht schädigen. Wenn sie das tun, dann waren es Reaktionen aus unseren alten Programmierungen und Verhaltensschemata. Wer sich selbst liebt und mit Freude und Interesse an der Welt Anteil nimmt, kann niemals Befriedigung daran finden, andere zu schädigen.

Deshalb ist es eine gute Übung, sich mehrmals am Tag für eine Minute zu entspannen und sich zu fragen: »Was will ich jetzt wirklich?« oder: »Wie kann ich jetzt gut für mich sorgen?«, oder auch: »Was ich jetzt tue und erlebe: stimmt das für mich?« und dann auf eine Reaktion zu warten, die aus unserem Selbst oder unserem »Herzen« kommt, und diese Reaktion dann auch ernst zu nehmen und zu verwirklichen. Wir brauchen uns dabei keine Sorgen um die anderen Menschen zu machen. In dem Maße, in dem wir wirklich gut für uns sorgen, sorgen wir auch gut für die anderen und die Welt.

Erwarten wir nicht, daß alle Menschen uns mögen und daß alle so fühlen und denken müßten wie wir. Jeder Mensch ist ein anderer Mensch mit eigenen Vorstellungen und Erfahrungen. Jeder lebt zum größten Teil in seiner eigenen Welt. Manche dieser inneren Welten passen nicht gut zueinander, manche sind sich ähnlich, manche ergänzen sich. Von daher ist es nur natürlich, daß manche Menschen sich nicht mögen oder sich gleichgültig sind und andere Menschen einander anziehen, sich faszinierend und aufregend finden.

Vertrauen wir darauf, daß wir dann am glücklichsten sind, dann am meisten von den anderen

Menschen gemocht und respektiert werden, dann am ehesten das erreichen, wonach wir uns sehnen, wenn wir ganz einfach wir selbst sind. Wenn wir aufrichtig, offen und liebevoll mit uns selbst umgehen, ermutigen wir auch unsere Mitmenschen, sich uns gegenüber ebenso offen und liebevoll zu verhalten.

Ein Mensch, der wirklich liebevoll mit sich umgeht und der sich bewußt ist, daß er Teil eines übergreifenden evolutionären Prozesses ist, ist ein zufriedener und glücklicher Mensch. Denn Selbst-Liebe ist nicht auf uns beschränkt, sie ist ein offener Zustand. Indem wir uns selbst wirklich lieben, lieben wir zugleich auch die Schöpfung in uns, die Natur in uns, das Tier in uns, die Menschen, die uns vorangegangen sind und uns begleitet haben, die Lebewesen und die Natur um uns herum, weil sie alle zu dem Lebens-System gehören, in dem wir leben und das uns ermöglicht, so zu leben, wie wir sind. Und wenn wir mit unserem Leben zufrieden und glücklich sind, gibt es nur eines, was uns unglücklich macht: Zu erleben, daß andere Menschen und Lebewesen nicht zufrieden und glücklich sind, daß sie nichts von dem Wunder ihres Lebens wissen und das übergreifende Leben, dem sie angehören, nicht achten.

Wenn es uns gelingt, ganz einfach wir selbst zu sein, dann werden wir es – hinterher – an einer einfachen Sache merken: Wir haben nicht mehr an uns selbst gedacht. Wir sind so selbstverständlich wir selbst gewesen, daß wir uns selbst vergessen haben. Unser Ich ist ganz in dem aufgegangen, was wir gerade getan oder erlebt haben. Wir sind eins mit uns und unserer Umwelt gewesen. Wir haben uns – unser Ich – nicht mehr als etwas erlebt, was uns im Wege steht, was wir absichern, verteidigen, rechtfertigen müssen. Die schöpferische Energie kann jetzt ungehinderter dorthin fließen, wohin sie fließen will, da sie nicht mehr gebunden ist durch unsere ängstlichen Vorstellungen von einem isolierten, getrennten Ich.

Gott hat den Menschen erschaffen, sein Geist wacht über unserm Geist. Jeder Gedanke, jede Tat, jeder charakterliche Zug ist glücklich gütig, oder schlecht, gebrauche ich die Wahrheit um Menschen zu helfen oder um Menschen zur Besinnung, lebensunfähig zu machen, spiegelt den Geist meines „Seins". Der Briefschluss ist das Abwägen meines Sinnes! Ist es Mitgefühl, dann schweige, ist es eine Warnung, dann rede!

Ich liebe mich so, wie ich bin
Übung

*D*ie folgende Übung hat ihre tiefste Wirkung, wenn sie nicht in der Phantasie, sondern in der Realität ausgeführt wird.

Sie stellen sich nackt vor einen Spiegel, schauen sich ganz genau und in aller Ruhe von allen Seiten an und beobachten Ihre Gefühle und Ihre gedanklichen Reaktionen und versuchen dann, sich mit Ihrem Körper und Ihrem Aussehen zu versöhnen. Für manche stellt dies aber wohl eine Überforderung dar, so daß im folgenden das sanftere Vorgehen in der Phantasie beschrieben wird.

Wenn Sie bereits ein Entspannungsverfahren kennen oder eine Meditationshaltung gewöhnt sind, dann verwenden Sie ruhig diese als Einleitung. Wenn nicht, lesen Sie bitte zuerst die folgenden Schritte und üben Sie dann.

Suchen Sie sich einen Ort, an dem Sie ausreichend Ruhe haben und für etwa 15 Minuten ungestört sein können. Der Ort sollte für Sie angenehm sein, und Sie sollten sich wohlfühlen.

Setzen Sie sich oder legen Sie sich so, daß Sie sich ganz entspannt fühlen können. Es ist nicht

wichtig, daß Sie eine besondere Körperhaltung
einnehmen. Ihr wahres Selbst ist ohnehin ständig
in Ihnen wirksam, ob Sie sitzen, gehen, liegen,
schlafen oder wachen. Viel wichtiger ist, daß Sie
sich so entspannen können, daß Sie mit Ihrem
Herzen in Kontakt kommen und Sie sich seinen
leisen Impulsen öffnen können.

Wenn Sie Ihre Ausgangshaltung eingenommen
haben, überprüfen Sie noch einmal kurz, ob Sie
auch wirklich bequem sitzen. Überprüfen Sie Ihr
Gesicht, lockern Sie die Stirn, die Augenpartie, die
Kiefermuskulatur, lockern Sie die Schultern und
atmen Sie einige Male etwas tiefer mit dem Bauch
ein und aus. Stellen Sie sich vor, daß beim Ausatmen eine Welle der Wärme und Entspannung erst
durch ihre Arme, dann durch Ihre Beine fließt.
Mit jedem Ausatmen wird die Entspannung tiefer
und tiefer. Sie lassen sich ganz los.

Wenn Sie den Eindruck haben, daß Sie zur
Ruhe gekommen, Arme, Beine und der Körper
entspannt sind und Sie sich wohl fühlen, dann
fangen Sie mit der Phantasieübung an.

Stellen Sie sich vor, daß Sie sich in einem angenehm warmen, hellen Raum befinden, in dem Sie
sich frei und sicher bewegen können. Sie sind
ganz nackt. An einer Wand befindet sich ein gro-

ßer Spiegel, in dem Sie sich und jede Einzelheit von Ihnen ganz deutlich sehen können. Sie können sich, wann immer Sie es wollen, nach links, nach rechts und ganz herumdrehen, auf den Boden setzen, um sich von allen Seiten, von oben und unten genau betrachten zu können. Es gibt nichts, was Sie sich nicht genau anschauen dürften, im Gegenteil, Sie müssen sich der ganzen Wahrheit, die Sie sehen, bewußt werden. Das, was Sie sehen, sind Sie, und Sie müssen sich mit Ihrer Ganzheit und Wirklichkeit versöhnen, wenn Sie Ihren Frieden und Ihre Freiheit gewinnen wollen.

Machen Sie sich bewußt, daß das Leben Sie gewollt hat, so wie Sie sind. Das Leben hat Ihnen ein bestimmtes Geschlecht, einen bestimmten Körper, auch bestimmte seelische und geistige Anlagen geschenkt und große Hoffnung in Sie gesetzt. Die Hoffnung nämlich, daß es in Ihnen zu dem findet, was seine tiefste Sehnsucht ist: bewußt und ganz da zu sein in Liebe, Licht, Freiheit und Freude.

Nehmen Sie nun Ihren Körper wahr. Spüren Sie seine Wärme. Lauschen Sie ein wenig nach innen und spüren Sie das pulsierende Leben in sich. Beobachten Sie ein wenig Ihren Atem. Machen Sie sich bewußt, daß dieses pulsierende Leben und der Atem kosmischer Natur sind. Wir haben das

Leben nicht gemacht, wir haben den Atem nicht gemacht, wir haben das Bewußtsein nicht gemacht.

Machen Sie sich ganz bewußt:

ES lebt in uns,
ES pulsiert in uns,
ES atmet in uns,
ES nimmt wahr in uns,
ES fühlt in uns,
ES phantasiert in uns,
ES denkt in uns.

aber was lenkt uns, was gibt Trost und Sinn?

Stellen Sie sich diese pulsierende Energie, dieses Leben in Ihnen als ein warmes goldenes Licht vor, das Ihren Körper durchflutet, Ihren Körper umgibt und von Ihrem Körper ausstrahlt. Stellen Sie sich vor, daß dieses Licht das Höchste und Beste ausdrückt, wonach sich das Leben in Ihnen sehnt: die Fülle des Lebens in Freiheit auszudrücken, zu einem klaren Bewußtsein der Wahrheit und Wirklichkeit zu gelangen, sich in Liebe mit allem, was existiert, verbunden zu fühlen und die grenzenlose Freude über dieses Wunder der Existenz mit allen zu teilen.

Schauen Sie sich nun von oben bis unten in aller Ruhe an und beobachten Sie Ihre Reaktionen. Beobachten Sie ganz besonders, wo Sie sich kritisieren und abwerten. Empfinden Sie sich irgendwo als zu klein oder zu groß, als zu dünn oder zu dick, als unproportioniert, zu alt, zu faltig, zu unattraktiv, zu häßlich? Halten Sie gerade an diesen Stellen länger inne, lassen Sie alle Gefühle des Unbehagens, der Peinlichkeit, der Scham, der Angst, der Verletzung zu. Versuchen Sie mit diesen Stellen in einen tiefen emotionalen Kontakt zu treten. Versuchen Sie insbesondere zu spüren, was sie sich selbst mit ihrer eigenen Abwertung und Kritik, die sie vielleicht jahrelang diesem Körperteil gegenüber gehabt haben, an Schmerzen angetan haben. Werden Sie sich bewußt, daß dieser Körperteil vielleicht schon jahrelang, wenn nicht ihr Leben lang so gewesen ist, wie er ist, und daß all ihre Abwertung und Kritik nichts an seinem Zustand geändert haben. Bemühen Sie sich jetzt, mit ihm in ein besseres Verhältnis zu kommen.

Wenn Sie ein wenig geübter sind, können Sie mit Ihrem Körperteil in ein Gespräch kommen. Sagen Sie ihm, was Sie ihm sagen wollen. Erzählen Sie ihm, wie schwer es Ihnen gefallen ist oder immer noch fällt, ihn anzunehmen. Fragen Sie

ihn, wie er sich dabei fühlt, und achten Sie auf die
Antworten, die Ihnen spontan in den Sinn kommen. Vielleicht erfahren Sie dann etwas über die
enorme Last, die diesem Körperteil durch Ihre
Ablehnung aufgebürdet wurde. Vielleicht können
Sie ein Gefühl der Dankbarkeit ihm gegenüber
spüren, weil er trotz allem seine Funktionen – so
gut es ihm möglich war – erfüllt hat. Sprechen Sie
mit ihm darüber, was Sie tun können, um sich
miteinander zu versöhnen. Es geht nicht darum,
daß Sie ihn besonders schön oder attraktiv finden
müssen, wo er es nicht ist. Es geht darum, daß Sie
ihn als zu sich gehörig ganz annehmen und Ja zu
ihm sagen. Wenn es Ihnen möglich ist, berühren
Sie Ihren Körperteil, streicheln Sie ihn und sagen
Sie ihm: »Ich bitte dich um Verzeihung für das,
was ich dir angetan habe. Ich werde dich nicht
mehr abwerten und schlecht machen. Ich werde
mich nicht mehr für dich schämen. Du darfst bei
mir so sein, wie du bist. Ab jetzt will ich ganz zu
dir stehen und gut für dich sorgen.«

Hören Sie mit diesem Gespräch nicht auf, be-
vor Sie das deutliche Gefühl haben, daß es Ihnen
wirklich ernst mit diesen Aussagen ist. Es hilft
wenig, wenn solche Sätze nur so dahingesagt werden. Wenn es Ihnen schwer fällt, sich bedingungs-

los hinter Ihren Körper und sich selbst zu stellen, weil so viele kritische und abwertende Stimmen in Ihnen sind, dann müssen Sie für sich kämpfen, wie Sie zum Beispiel für Ihr Kind kämpfen würden, wenn es von jemandem gedemütigt wird. Setzen Sie Ihre ganze Energie ein, um von diesen alten, destruktiven Einstellungen loszukommen.

Wenn Sie den Eindruck haben, Sie sind ein Stück weiter gekommen, dann beenden Sie die Übung. Verabschieden Sie sich von Ihrem Körper und sagen Sie ihm, daß Sie ihn nicht vergessen werden und daß Sie wieder zu ihm zurückkommen werden, um wieder mit ihm in eine gefühlsmäßige Beziehung zu treten.

Diese Übung können Sie später mit dem gleichen Körperteil, mit einem anderen oder auch mit bestimmten Eigenschaften und Charakterzügen, die sie nicht annehmen können, wiederholen. Halten Sie sich bewußt, daß diese Übung möglicherweise eine der wichtigsten ist, die Sie in Ihrem Leben machen können, um Ihren Frieden mit sich selbst zu finden.

Anmerkungen

1 Friedrich Rückert zitiert nach Ludwig Reiners: Der ewige Brunnen. C.H. Beck'sche Verlagsbuchhandlung, München 1959, S. 923

2 Nach einer Fabel aus Ghana

3 Martin Buber: Die Erzählungen der Chassidim. Manesse-Verlag, Zürich, 12. Aufl. 1992

4 John Bradshaw: Das Kind in uns. © für die deutsche Ausgabe 1992 Droemer Knaur Verlag, München, S. 76 ff

5 Alan Watts: Die Kunst der Kontemplation. Aurum Verlag, Freiburg 1977, S. 7 (Zusammen mit Anagarika Govinda)

6 Aniela Jaffé: Erinnerungen, Träume, Gedanken von C.G. Jung. Walter-Verlag, Olten 1962, S.: 260

7 Brian Swimme: Das Universum ist ein grüner Drache: Ein Dialog über die Schöpfungsgeschichte oder von der mystischen Liebe zum Kosmos. Claudius Verlag, München 1991, S. 26 f

8 Hermann Hesse: Mit Hermann Hesse durch das Jahr. © Suhrkamp Verlag Frankfurt am Main 1976, 25.–30. September

9 Heinrich Zimmer: Philosophie und Religion Indiens. © Suhrkamp Verlag Frankfurt am Main 1973, S. 328 f

10 Hakuin: Meditationsgesang. Zitiert nach: Alan Watts: Vom Geist des Zen

11 Gerhard Wehr: Angelus Silesius – Der cherubinische Wandersmann. Novalis Verlag, Schaffhausen 1977, Buch 1, Vers 8

12 Ebd. Vers 11

13 Annemarie Schimmel: Rumi. Diederichs Gelbe Reihe Nr. 20, erschienen im Eugen Diederichs Verlag, S. 152 f

14 Hermann Hesse: Lektüre für Minuten. © Suhrkamp Verlag Frankfurt am Main 1973, S. 186

15 Ebd. S. 199

16 Meister Eckehart: Deutsche Predigten und Traktate. Herausgegeben und übersetzt von Josef Quint. Carl Hanser Verlag, München 1963, Predigt 13, S. 214

17 Zitiert nach Alan Watts: Der Lauf des Wassers. © 1975 by Mary Jane Yates Watts und Mohrbooks Zürich

18 Carl R. Rogers, Entwicklung der Persönlichkeit. Psychotherapie aus der Sicht eines Therapeuten. Aus dem Amerik. von Jacqueline Giere. © 1989 by Carl R. Rogers. Klett-Cotta, Stuttgart, 10. Aufl. 1994, S. 32

19 Ebd. S. 37

20 Matthias Claudius zitiert nach: Ludwig Reiners, Der ewige Brunnen, C.H. Beck'sche Verlagsbuchhandlung, München 1959, S. 854

21 C.G. Jung: Von Mensch und Seele, Ausgewählt und herausgegeben von Jolande Jacobi. Walter-Verlag, Olten 1971, S. 352

List als Lebenskunst:

Während der Riese den Baum davonschleppt, sitzt das Schneiderlein in den Zweigen.Obwohl auf seinem Gürtel steht »Sieben auf einen Streich« ist das Schneiderlein gar nicht heroisch. Es gibt stattdessen ein Beispiel für wahrhaft humane Lebenskunst, wie uns der Psychotherapeut Lutz Müller stichhaltig vor Augen führt.

Lutz Müller
Das tapfere Schneiderlein
List als Lebenskunst
160 Seiten, Hardcover

Jeder ist zum Held geboren!

Mythen und Märchen aller Völker der Erde erzählen von Helden und ihren mutigen Taten. In tiefenpsychologischer Sicht ist der Held Archetyp des Ich, beim Mann wie bei der Frau. Von Geburt an ist jeder herausgefordert, ein starkes, überlebensfähiges Ich zu entwickeln. Heroischer Mut ist nötig bei jedem Reifungsschritt. Was dazu hilft, inneren und äußeren Gefahren zu begegnen, davon erzählen die Mythen und ebenso viele Heldenträume von heute. Das Meisterstück des Heroen ist die Begegnung mit dem Tod, sein Lohn Liebe und Weisheit.

Lutz Müller
Der Held
Jeder ist dazu geboren
140 Seiten, Hardcover

Kreuz: Was Menschen bewegt.

Entwicklungsschritte zur eigenen Persönlichkeit

Wilhard Becker verrät allen, die meinen, zu kurz gekommen zu sein, die zuverlässige Methode, um glücklicher zu werden und mehr aus ihrem Leben zu machen: die Entdeckung des eigenen inneren Reiches mit all den Kräften und Möglichkeiten, die bisher noch nicht erkannt und erschlossen worden sind.

Bescheiden zu sein und von sich selbst wenig oder gar nichts zu halten gilt als christlich-bürgerliches Erziehungsideal. Es hinterläßt aber bei vielen Minderwertigkeitsgefühle und Kraftlosigkeit. Wilhard Becker hält den Schlüssel bereit, um diese Sperre aufzubrechen. Selbstbejahung und Mut zum eigenen Ich sind ein Sesam-öffne-Dich zum eigenen inneren Reich. Becker vergleicht das Ich mit einem Erbprinzen, dem der Anspruch auf seinen rechtmäßigen Thron bisher verwehrt wurde oder der selbst noch zögert, dort Platz zu nehmen und die Regierung anzutreten. Dieser Thron, dieses Schloß, dieses Reich aber warten auf ihn. Körper, Geist und Seele entfalten sich besser, wenn das Ich souverän die Regie des Lebens übernimmt. Dieses ermutigende Buch über das unentdeckte innere Königreich lädt ein zu einem märchenhaften Abenteuer mit sich selbst.

Wilhard Becker
Du bist reicher als du denkst
Entwicklungsschritte zur eigenen Persönlichkeit
118 Seiten, Paperback

Kreuz: Was Menschen bewegt.

Den Therapeuten in uns selbst entdecken:

Ein Buch, das überzeugt durch seine Klarheit, Prägnanz und Anschaulichkeit. Die Autoren verbinden in ihrem ganzheitlichen Konzept mehrere psychotherapeutische Methoden, um durch Einseitigkeit nicht die »Tür« zu verfehlen, die beim Suchenden offen ist für einen neuen Anlauf in seiner Entwicklung. Sie richten ihre Aufmerksamkeit auf die Weisheit, die in jedem einzelnen wohnt und durch Probleme, Störungen, Phantasien oder unbewußte Gesten anzeigt, wohin der Suchende eigentlich will. Diese Signale selbst zu erkennen, ist die Hauptaufgabe des therapeutischen Begleiters.

Die Verbindung von Psychologie und Erkenntnistheorie macht die transparente Darstellung von Michael Mary und Henny Nordholt zu einer faszinierenden Gesamtschau menschlicher Entwicklungsmöglichkeiten. Sie führen über die »Schwellen« verschiedener Bewußtseinsstufen bis an die Grenze des spirituellen Erwachens, jenseits derer jede therapeutische Initiative überflüssig wird und das Selbst letztendlich sich selbst heilt.

Michael Mary und Henny Nordholt
Change
Lust auf Veränderung
180 Seiten, Paperback

Kreuz: Was Menschen bewegt.